Liebe................Lieber....................!

Herzlichen Glückwunsch zu Eurem sensationellen Beziehungs-Marathon!
Daß diese Leistung eine Silbermedaille verdient hat, das sagt Ihr Euch wohl täglich selber aufs neue?

Alte Weggefährten sind längst schon mehrfach geschieden, ihr aber habt den Versuchungen widerstanden und Euch ein Vierteljahrhundert unbeirrbar geliebt und all Eure Sorgen und Probleme mit Freude dem anderen aufgeladen. Dafür gebührt Euch als besondere Anerkennung dieses Büchlein.

Auf dem Weg zum „Ehe-Gold" sollen Glück und Gesundheit Eure Begleiter sein und immer ausreichende Teller Eure Schränke füllen!

Alles Liebe und Gute, von ....

Peter Butschkow

Herzlichen Glückwunsch!

Lappan

DAMALS WAR'S!

Sie saßen auf der Brüstung am Seeufer, und Olaf hatte an Karin seine wertvollste Frage gestellt, nämlich die, ob sie ihn zum Mann haben wolle?
Karin fuhr furchtbar zusammen und erbrach sich. Olaf sah gut aus, alle Mädchen aus der Gegend klemmten ihm ständig Zettel zwischen die Speichen seines Fahrrades, also daran lag es nicht, aber könnte sie Olaf im Alltagsleben ertragen? Karin grauste der Gedanke an seinen Morgen-Urin und seine ausgeleierten Unterhosen. Wie töricht sie doch war. Heute, nach 25 Jahren Ehe, denkt sie noch oft an Olaf. Mit Günter, ihrem Ehemann, kam alles noch viel, viel schlimmer.

Wie man sagt, raufen Ehepaare sich im Laufe ihrer Ehe zusammen, schleifen sich ab, aber was haben Sie während dieses Prozesses aufgegeben, was haben Sie an ganz persönlichen Konturen verloren, das ist doch die ehrliche Frage. Wir stellen Sie Ihnen, ob es Ihnen paßt oder nicht. Sie können das Buch ruhig solange zumachen.

WAS IST EIGENTLICH IN DEN **FÜNFUNDZWANZIG** *JAHREN EHE VON IHNEN ÜBRIGGEBLIEBEN?*

1) Haben Sie denn noch Kontakt zu irgendeinem Menschen vor Ihrer Ehe, der blendend aussah und der Sie immer verstanden hat?

2) Haben Sie noch irgendeinen Einfluß auf die Inneneinrichtung ihrer Wohnung, bzw. auf die Wahl des Kraftfahrzeuges?

3) Haben Sie ihre Mutter in den letzten Jahren mal gesehen oder wenigstens kurz gesprochen?

4) Besitzen Sie eigentlich ein einziges Kleidungsstück, das Ihrem persönlichen Geschmack entspricht?

5) Macht es Ihnen wirklich Spaß, alle persönlichen Dinge Ihres alltäglichen Lebens unter Garantie am selben Platz zu finden?

6) Lesen Sie Ihre private Post tatsächlich immer erst dann am liebsten, wenn sie jemand vor Ihnen geöffnet und gelesen hat?

7) Stimmt es, daß Sie die jeweiligen Partner-innen ihrer erwachsenen Kinder generell nicht leiden können?

Wenn es Ihnen recht ist, blättern wir weiter und lassen Sie mit ihren Gedanken alleine?

„Schröder hat in seiner Ehe ja nichts zu bestellen"

LUSTIG, LUSTIG!

Da lacht der Berliner

Sagt der frischvermählte Ehemann zu seiner Frau:

„Kleinchen, heb die Beinchen, es kommen Steinchen!"

Zehn Jahre später:

„Kleene, heb die Beene, et komm' Steene!"

Fünfzehn Jahre später:

„Olle, heb die Botten, et komm' Klamotten!"

IHR SEID JA IMMER NOCH VERHEIRATET!

„Schröder hat in seiner Ehe ja nichts zu bestellen."

Darüber lachten die Eheleute in den Fünfzigern!

LIEBER EINE SILBERNE HOCHZEIT ALS EINE GOLDENE SCHEIDUNG!

Aus dem Polizeibericht

„*Wir fanden die Eheleute ineinander verbissen in ihrer verwüsteten Wohnung. Beide erklärten dies als eine normale, eheliche Meinungsverschiedenheit.*"

„Ich kehre reumütig zurück! Wollen wir das Leben noch einmal ganz von vorne beginnen?"

Der Heiratsantrag eines Handwerkers:
„Möchtest du die Mutter auf meiner Schraube sein und mit mir gemeinsam rosten, bis die letzte Ölung uns trennt?"

Wer sagte sowas?

„Meine Heirat war das glücklichste und schönste Ereignis meines Lebens. Denn was könnte herrlicher sein, als an der Seite eines Menschen durchs Leben zu gehen, der eines niedrigen Gedankens unfähig ist!"

Unser Tip: Männlich, britisch, fettleibig, tot, Zigarrenraucher, Antisportler. Vorname wie eine Zigarettenmarke, Nachname klingt wie „Tschöschill". Also?

Antwort: Winston Churchill über seine Frau Clementine Churchill.

Eine fünfundzwanzigjährige Ehe ist ...

… der Preis einer übermütigen Frage.

… eine hartnäckige Beziehung.

… eine tägliche Herausforderung.

… Liebe im Dauertest.

… wie Besuch, der nicht gehen will.

… ein Menschenversuch.

… eine unendliche Geschichte.

MIT DREI FRAUEN BIN ICH JETZT SCHON 25 JAHRE ZUSAMMEN!
TREUE DATTEL!
BUTSCHKOW

Es sollte nämlich schon im letzten Herbst herauskommen.

Die Autorin schreibt von ihren vielen Ehen, von bronzenen Männern und silbernen Hochzeiten.

Es ist ein Buch, so ansprechend wie ein erkälteter Gatte und so aufregend wie eine Bein-Enthaarung.

Deborrah Silver-Wedding, bekannt durch ihren Bestseller „Löwen sind auch nur Katzen", hat sich nun endlich selber übertroffen.

„Kraniche schnarchen nicht", gehört in jede gute Beziehungskiste und sollte auch in jeder Haushaltskasse drin sein.

Empfehlung

Sie sind nicht mehr in der Lage, mit Ihrem Ehepartner zu reden?
Das muß kein Problem sein! Lassen Sie doch Bücher für Sie sprechen! Hier einige Werke, ideal, um sie dem Partner diskret auf den Nachttisch zu legen:

Bei sexuellen Problemen:
„Dreh Dich ruhig zur Seite, Bärbel!"
(Holger Frustig, Verlag Libido)

Bei fehlendem Verständnis:
„Dein Ohr, mir unbekanntes Wesen!"
(Kathy Zart-Saitling, Buhl-Verlag)

Bei erwiesener Untreue:
„Vergebung ist machbar!"
(Heiner Peppler, Analyse-Verlag)

EHEDRAMEN DIESER WELT

Unter den Bäumen

Unter der Akazie
stieß er auf ihre Grazie

Unter einer Schlehe
versprach er ihr die Ehe

Guten Morgen Herrmann!

Gut geschlafen?
Gut beim Frühstück?
Hast Du eigentlich vergessen,
daß wir heute seit 25 Jahren
verheiratet sind?
Das hab ich mir gedacht.

Deine Karin.

Gesucht wird!

Gesucht wird der Gast auf
unserer Silberhochzeit,
der überall herumerzählt hat,
er hätte seit 25 Jahren ein
Verhältnis mit meiner Frau

**Helmut Poppenick
Tel. 03660-212080**

Entschuldigung

Für die Tischrede
unseres Großvaters anläßlich
unserer Silberhochzeit,
möchten wir uns bei allen
Gästen entschuldigen.
Es war nicht sein erster
Versuch, eine harmonische
Festlichkeit mit obszönen
Pantomimen zu stören.

Ursula und Gerd Höbsch

Alles für Ihre Silberhochzeit!

Silberteller, Silbertannen,
Silberfische, Silberbarren,
Silberblicke, Silberfüchse,
Silbermedaillen ...
Reichhaltige Auswahl

Feste-Feier-Service

WIR LIEBEN UNS! WIR SIND GESUND! WIR HABEN EIN SCHÖNES HEIM! WIR HABEN DIE KINDER GROSS GEKRIEGT! WAS HAST DU?
IMMER NUR WIR, WIR, WIR!!
BUTSCHKOWLE

TEST
WIE IST DER ZUSTAND IHRER EHE?

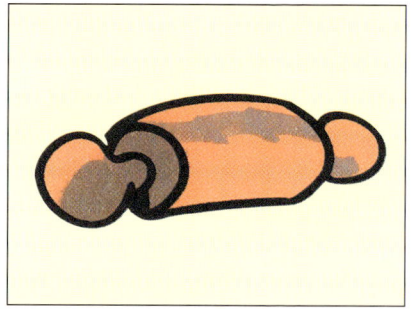

Das ist ein Teller.

Benutzen Sie ihn ...

a) ... als fliegende Untertasse?

b) ... für Ihre Tränen?

c) ... als Unterlage für Speisen?

Das ist eine Nudelrolle.

Benutzen Sie sie ...

a) ... als Teigwalze?

b) ... als Keule?

c) ... als Argumentationshilfe?

Ein Test ist immer nur so gut, wie Sie ihn beantworten. Aber, sollten Sie dabei ehrlicher und offener sein als in Ihrer Ehe, dann bekommen Sie einen objektiven Überblick über den Zustand ihrer Partnerschaft. Das hätten Sie von einem Geschenkbüchlein nicht erwartet, was?

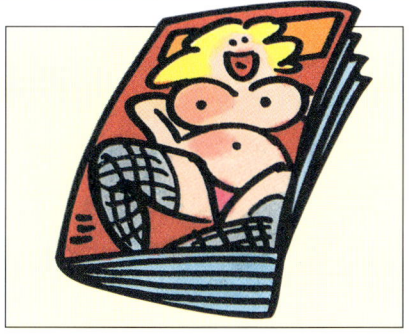

Das ist ein Versandhauskatalog.

Benutzen Sie ihn ...

a) ... um Fisch darin einzuwickeln?

b) ... für ein intimes Hobby?

c) ... als Vorlage für Laubsägearbeiten?

Das ist ein Fernseher.

Benutzen Sie ihn ...

a) ... rund um die Uhr?

b) ... als gesamteheliche Kultureinheit?

c) ... um Ihren Partner einzuschläfern?

Silberhochzeit

Weißt Du noch, die erste Stunde,
Du und ich in dieser Runde,
mit allen Freunden und Bekannten,
die alle durcheinander rannten?

Wo wir uns in die Augen schauten,
und denselben nicht ganz trauten,
und dann der Kerl, der mit Dir tanzte,
und ich mich dreist dann vor ihn pflanzte?

Ich goß das Glas voll rotem Wein,
dem Kerl direkt aufs rechte Bein,
Dir fiel die Frikadelle in die Bowle,
Du glühtest rot wie heiße Kohle.

Ich war verwirrt und sehr nervös,
der mit dem nassen Bein war bös,
Du hast vor Lachen Dich verbogen,
wie er die Hose ausgezogen.

Später warb ich um Dein Herz,
Du dachtest erst, das wär' ein Scherz,
und heut', nach langem Ehejoch,
sag' ich Dir: Ich lieb' Dich noch!

ALARMZEICHEN
einer langen Ehe!

Fall 1: Ihr Gatte empfindet Ihre alltäglichen Versorgungsbemühungen immerhin noch für erwähnenswert, andererseits traut er Ihnen aber nicht mal zu, daß sie eine Packung „Jägerklößchen" ohne fremde Hilfe auftauen können.
Bewertung: **Bedenklich.**

Fall 2: Ihr Gatte achtet lobenswerterweise noch auf ihre modischen Wandlungen, andererseits unterbricht er Sie einfach bei der Arbeit. Bewertung: **Fragwürdig.**

Heimkehr

Löffler war bekannt dafür, daß er einen ordentlichen Stiefel
vertragen konnte. Diesmal aber hatte er seine Grenze überschritten,
das spürte er. Seine Schritte fielen ihm schwer.
Aus dem Wirtshaus riefen sie ihm die besten Wünsche hinterher.

Zum Glück wohnte er nicht weit.
Vor dem Hauseingang zog er sich wie immer die Schuhe aus.
Drinnen war alles dunkel. Brigitte schlief sicherlich schon tief und fest.

Die Wohnungstür knarrte, als er sie öffnete,
er zog sich schwerfällig aus und wankte ins Bad.
Zähneputzen fiel heute aus. Leise betrat er das Schlafzimmer
und legte sich vorsichtig ins Bett. Aaaaaah, dachte er.

„Zurück von der Tränke, Suffbüffel?"
Ihre Nachttischlampe ging an.

Er könnte sich ein Leben ohne Brigittes liebe Worte nicht vorstellen,
dachte er noch, drehte sich lächelnd zur Seite und schlief friedlich ein.

Peter Butschkow
Im August 1944 in Cottbus bei Berlin geboren.
Grafik-Design-Studium in Berlin. Nach Abschluß angestellt,
später freiberuflich als Grafik-Designer gearbeitet.
1979 Abkehr vom Werbebetrieb und von Berlin.
Nach fünf Jahren Dorfleben im Bergischen Land nach
Hamburg gezogen. Lebt seit 1988 mit Lebenspartnerin
und zwei Söhnen wieder im Grünen in Nordfriesland.
Arbeitet für diverse Zeitschriftenverlage und für einen
Cartoonbuchverlag: Lappan

Bei Lappan sind von Peter Butschkow lieferbar:
*Herzlichen Glückwunsch zum 20., 30., 40., 50., 60. Geburtstag,
Zur Hochzeit, Zur Pensionierung, Zur Volljährigkeit und Zum Nachwuchs.
Vielen Dank für die nette Behandlung, Vielen Dank für die herzliche
Einladung, Vielen Dank für die freundliche Hilfe,
Vielen Dank das war unheimlich nett!,
Viel Spaß in der neuen Wohnung, Viel Spaß im Büro,
Männer! Wehrt Euch!,* das Comicbuch *Alles geht! Siegfried kommt!,
Peters Höhepunkte!, Cartoons für Singles* und *Cartoons für Tennisfans.
Außerdem ist Peter Butschkow in weiteren Büchern der Reihe „Lappans
Cartoon-Geschenke", mit vielen farbigen Zeichnungen vertreten.*

© 1995 Lappan Verlag GmbH, Postfach 3407, 26024 Oldenburg
Reproduktion: litho niemann + m. steggemann gmbh, Oldenburg
Gesamtherstellung: Proost International Book Production,
Printed in Belgium, ISBN 3-89082-550-8

Bücher, die Spaß bringen!

Kai Felmy
Ich mag Dich!

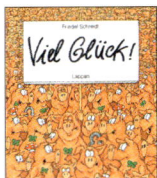
Friedel Schmidt
Viel Glück!

Wilfried Gebhard
Von ganzem Herzen!

Erich Rauschenbach
Cool bleiben!

Uli Stein
Du siehst heute schon viel besser aus...

Uli Stein
Viel Spaß mit Haustieren

Thomas Weyh
Rund - na und!

Kai Felmy
Oben ohne!

Wolfgang Willnat
Viel Spaß beim Skat

Udo Piller
Viel Spaß beim Kegeln

Lappans Viel-Spaß-Bücher

Detlef Kersten
Viel Spaß mit den Enkelkindern

Michael Steinig
Viel Spaß beim Segeln

Uli Stein
Viel Spaß im Garten

Herzlichen-Glückwunsch-Bücher gibt's auch zu vielen anderen Anlässen.

Vielen-Dank-Bücher gibt's auch zu anderen Gelegenheiten.